www.ingramcontent.com/pod-product-compliance
Lightning Source LLC
Chambersburg PA
CBHW030947240526
45463CB00016B/1983
* 9 7 8 1 6 5 0 6 1 9 2 4 8 *